Briggs.

1881. Mars. 14

Vente du Lundi 14 Mars 1881

RUE DROUOT, 9, SALLE N° 5

A UNE HEURE ET DEMIE

TABLEAUX

ANCIENS ET MODERNES

Des Écoles Flamande, Française et Hollandaise

DÉPENDANT

DE LA COLLECTION DE M. BRIGGS

DE LIVERPOOL

EXPOSITION PUBLIQUE

Le Dimanche 13 Mars 1881, de deux heures à cinq heures.

Me COULON	M. Ch. NEUMANS
COMMISSre-PRISEUR	PEINTRE-EXPERT
Rue Lamartine, n° 20	Rue de Moscou, n° 44

PARIS — 1881

Vve RENOU, MAULDE et COCK
IMPRIMEURS DE LA COMPAGNIE DES COMMISSAIRES-PRISEURS
Rue de Rivoli, 144

CATALOGUE

DE

TABLEAUX

ANCIENS ET MODERNES

Des Écoles Flamande, Française
et Hollandaise

DÉPENDANT

DE LA COLLECTION DE M. BRIGGS

DE LIVERPOOL

DONT LA VENTE AURA LIEU

HOTEL DES VENTES, RUE DROUOT

SALLE N° 5

Le Lundi 14 Mars 1881

A UNE HEURE ET DEMIE

Par le ministère de **Mᵉ COULON**, Commissaire-Priseur,
rue Lamartine, 20,

Assisté de **M. Ch. NEUMANS**, Peintre-Expert, Restaurateur de Tableaux,
rue de Moscou, 44.

EXPOSITION PUBLIQUE

Le Dimanche 13 Mars 1881, de deux heures à cinq heures.

PARIS — 1881

CONDITIONS DE LA VENTE

La vente sera faite au comptant.

Les Adjudicataires paieront CINQ POUR CENT en sus des enchères.

Les Tableaux se vendent dans l'état où il se trouvent, au moment de l'adjudication.

Après l'adjudication, il ne sera admis aucune réclamation, de quelque chef que ce soit.

DÉSIGNATION

DES

TABLEAUX

VAN ARTOIS (Jacques) et **TÉNIERS** (David)

1 — Site boisé traversé par une rivière que longe une route.

A l'avant-plan, à droite, une rencontre de deux paysans.

JORDAENS (Jacques)

2 — Accessoires, Plats, Argenteries, Fruits, etc.

VINCKEBOONS (David) et **BREUGHEL**

3 — Paysage avec figures et troupeau de moutons.

DE VOS (Cornélius)

4 — Portrait de femme d'une trentaine d'années avec son enfant, orné d'une collerette et Bijoux en corail.

LOTEN (Jean)

5 — Beau Paysage.

A gauche, se trouve un étaffage d'une charrette, et un peu en avant un page avec faucon.

MOLENAER (Jean)

6 — Composition d'une trentaine de figures. Dîner devant la demeure à l'occasion de la fête du village.

HALS (Frans)

7 — Portrait d'un ami du peintre, traçant sur un mur le nom de Frans Hals; avec accessoires de fumeur.

HALS (Thierry)

8 — Quatre personnages vêtus de costumes pittoresques du XVIIe siècle sont aussi autour d'une table jouant aux cartes. Le vieux perd constamment, il s'en gratte les cheveux. Le sujet indique le reste.

RYCKAERT (David), le vieux

9 — Repas de famille, Quatre figures et un enfant

DEHEEM (Cornélius)

10 — Fruits et Accessoires.

RUBENS (Pierre-Paul)

11 — Le Retour de la pêche miraculeuse.

Esquisse.

DE VLIEGER (Simon)

12 — Mer orageuse.

VAN CAPEL (Guillaume)

13 — Marine (Mer calme).

RUYSDAEL (Manière de)

14 — Paysage.

HOBBÉMA (ou son École)

15 — Paysage. Vue d'un village au bord de l'eau (Hollande).

ASSELYN (Jean)

16 — Paysage montagneux avec diverses figures.

DE WITTE (Liévin)

17 — Intérieur d'église. Figures par Terburg (Gérard).

DE HOOGE (Romain)

18 — Intérieur. Une servante s'arrêtant devant une glace pendant son nettoyage.

DOORSCHOT (Jean)

19 — Troupeau de moutons, conduit par la bergère assise sur un âne, descend par un paysage montagneux.

MOMMERS (Henri)

20 — Paysage avec bestiaux et figures.

PALMÈDES-STEVENS (ANTOINE)

21 — Combat de cavaliers.

DECKER

22 — Paysage (le Moulin à eau).

DUBOIS (CRÉTIEN)

23 — Paysage boisé.

HOBBÉMA (Attribué à MEINDERT)

24 — Paysage.

Une route traverse le milieu du tableau. A droite, se trouvent quelques maisons, les dernières avant la forêt où conduit la route.

CUYP (ALBERT)

25 — Paysage.

Les environs de Maëstricht, étoffé avec des animaux.

BERCHEM (NICOLAS)

26 — Paysage avec animaux.

VAN DER LEEUW (PIERRE)

27 — Paysage avec troupeau d'animaux.

CUYP (ALBERT)

28 — Cavalier demandant sa route à des paysans au bord d'un chemin.

MOMPER et TÉNIERS (Attribué à)

29 — Paysage rocheux avec un lointain d'une rare beauté.

GREUZE (École de)

30 — Portrait d'homme.

REMBRANDT (Manière de)

31 — Poëte hollandais en extase.

BLEEKER (JEAN-BAPTISTE), élève de REMBRANDT

32 — Le Christ devant un scribe.

ÉCOLE FRANÇAISE

33 — Portrait d'un jeune marquis. Ovale.

VAN DELEN (Thierry)

34 — Intérieur d'église.

ABSHOVEN (Théodore)

35 — Dîner de famille en plein air.

CRENACK (Lucas)

36 — Le vieux Amoureux embrassant une jeune fille qui, pendant cet intervalle, lui tire sa bourse.

GREUZE (École de)

37 — Enfant faisant faire des exercices à son chien.

ASSELYN (Pierre)

38 — Ruines d'un château italien.

MOMPER et BREUGHEL

39 — Beau Paysage.

BREUGHEL

40 — Paysage avec une halte de Bohémiens.

BREUGHEL DE VELOURS

41 — Paysage avec figures et animaux.

HONDEKOETER (Gilbert)

42 — Cygne défendant ses petits contre une attaque d'un chien de chasse.

RUYSDAEL (Manière de)

43 — Marine.

MIERIS (Manière de

44 — Joueur de harpe.

EVRARD (Perpète)

45 — Bouquet de fleurs.

DE VRIÈS (Jean-Renier)

46 — Paysage boisé.

HALS (Attribué à Franz)

47 — Portrait d'un grand écrivain hollandais.

CUYP (Benjamin)

48 — L'Enlèvement d'Europe.

PYNACKER (Adam)

49 — Paysage boisé.

BARENDSEN (Thierry)

50 — Paysage avec nombreuses figures.

MAAS (Nicolas)

51 — Portrait d'un enfant (jeune fille) en costume de chasse avec chien.

MAAS (Nicolas)

52 — Pendant du précédent. Jeune garçon en costume de chasse avec chien et faucon.

METZU (Gabriel)

53 — Garçon nourrissant par la fenêtre les petits oiseaux.

ÉCOLE FRANÇAISE

54 — Paysage.

ÉCOLE FRANÇAISE

55 — Pendant du précédent.

DUJARDIN (École de)

56 — Paysage avec animaux.

BREUGHEL (ABRAHAM)

57 — La Fête de Noël.

Composition remarquable.

VAN ARTOIS (JACQUES) et **TÉNIERS** (Attribué à)

58 — Paysage avec figures.

ÉCOLE FRANÇAISE

59 — Quatre Portraits avec cadre en bois sculpté.

VAN KESSEL (JEAN)

60 — Vaches couchées au bord d'un étang sur lequel se trouvent des cygnes.

FRANCK (FRANÇOIS)

61 — Le bon Samaritain.

BOSCHAERT (NICOLAS)

62 — Bouquet de fleurs.

BOSCHAERT (Nicolas)

63 — Pendant du précédent.

ÉCOLE FRANÇAISE

64 — Bouquet de fleurs.

ECOLE FRANÇAISE

65 — Les jeunes Amoureux avec anges volant alentours.

Trumeau sur toile, 1m 16 sur 55 c.

ÉCOLE FRANÇAISE

66 — Portrait d'un enfant.

Décoratif.

Toile : 1m 50 sur 1m 10.

CLAUDE LORRAIN (École de)

67 — Une Rivière avec ses rivages.

Belle composition bien conservée.

68 — Fleurs décoratives.

ÉCOLE FRANÇAISE

69 — Léda.

DE LÉLIE (Adrien)

70 — Portrait d'une jeune dame.

TROYON (Genre de)

71 — Bœuf au pâturage.

DURAND-BRAGER

72 — Paysage.

BRASCASSAT (Attribué à)

73 — Un Ane.

RUBENS (Attribué à P.-P.)

74 — Têtes de moines.

SCHEFFER (Ary).

75 — Une Madeleine repentante.

BRASCASSAT

76 — Basse-Cour.

VERNET (École de Horace)

77 — Figures dans un paysage.

DUHEEM (D'après)

78 — Nature morte.

REGNAULT

79 — Pâtre romain.

COROT

80 — Enfant se baignant.

BEUL (De)

81 — Groupe de moutons.

GUDIN (Attribué à)

82 — Combat naval.

PRÉVAL (Jules)

83 — Tête de jeune fille.

LEYS (H.)

84 — Le Galant.

ROQUEPLAN

85 — La Promenade amoureuse.

WAPPERS (Baron G.)

86 — L'Été.

WAPPERS (Baron G.)

87 — L'Automne.

WAPPERS (Baron (G.)

88 — L'Hiver.

WAPPERS (Baron G.)

89 — Le Printemps.

VAN OSTADE (École de)

90 — Intérieur flamand.

VAN STRY

91 — Bestiaux en repos.

SCHELFHOUT

92 — Hiver.

CARL DU JARDIN (Attribué à)

93 — Bestiaux traversant un gué.

FROMENTIN

94 — Chameau.

TÉNIERS (D'après)

95 — Intérieur flamand.

DROOGSLOOT

96 — Paysage.

DROOGSLOOT

97 — Paysage.

LELY (Sir P

98 — Portrait d'enfant.

BRAUWER

99 — Intérieur flamand.

CARPENTIER

100 — Bestiaux dans un paysage.

BLOCH

101 — Effet de neige.

GIRAUD (Eugène)

102 — Confidence.

GIRAUD (Charles)

103 — Paysanne bretonne.

GIRAUD (Charles)

104 — Intérieur breton.

ROBERT (Théodore)

105 — Côtes de Bretagne.

ROBERT (Théodore)

106 — Landes au bord de la mer.

DENEUX (J.)

107 — Pendant l'office.

DENEUX (G.)

108 — Jardin du presbytère.

DENEUX (G.)

109 — Avant la messe.

DENEUX (G.)

110 — Après le combat.

DENEUX (G.)

111 — Attaque d'un village.

DENEUX (G.)

112 — Chien d'arrêt.

JUSTIN

113 — Reines-Marguerites.

JUSTIN

114 — Une Ferme à Carolles (Manche).

JUSTIN

115 — Bourriche de pensées.

JUSTIN

116 — Moutons.

JUSTIN

117 — Paysage près de Carolles (Manche).

JUSTIN

118 — Le Dessert.

BLOCH

119 — La rue Cortot à Montmartre.

BLOCH

120 — Bords de la Seine à Vaux.

BOURGUIGNON

121 — Bataille de cavaliers.

ÉCOLE FRANÇAISE

122 — Le premier Baiser.

ÉCOLE HOLLANDAISE

123 — Paysage.

TÉNIERS (David)

124 — Le Prisonnier.

RUYSDAEL (Jacques)

125 — Le Passage de la rivière.

RUBENS (Pierre-Paul)

126 — Le Sacrifice d'Abraham.

HONDEKOETER (Jean)

127 — Une Basse-Cour.

BOUCHEZ

128 — L'Assomption de la Vierge.

HALS (D'après Franz)

129 — Le Joueur de guitare.

SMAYERS (Pierre)

130 — Nature morte.

VAN GOYEN (Jean)

131 — Château-fort au bord de l'eau.

DEHEEM

132 — Fleurs et Fruits.

POTTER (Paulus)

133 — Paysage avec animaux.

AQUARELLES

DENEUX (G.)

134 — La Seine à Épinay.

DENEUX (G.)

135 — Les Falaises de Granville.

GIRAUD (Charles)

136-141 — Sujets divers.

LAUJALLEY

142 — Le Passage du gué.

143 — Paysanne des Pyrénées.

Ves Renou, Maulde et Cock, imprs de la Compagnie des Commissaires-Priseurs, rue de Rivoli, 144. 15811

www.ingramcontent.com/pod-product-compliance
Ingram Content Group UK Ltd.
Pitfield, Milton Keynes, MK11 3LW, UK
UKHW022143260726
13993UKWH00005B/2118

9 782329 548746